I0087228

+DA**ТОП**

**+DA**

РЕКОМЕНДУЕТ

+DA/plusDA Publishers
www.plusDA.com

+DA**ПОЭЗИЯ**

Решила выбраться на свет,
Убежище покинув.

*artwork*
*© 2010 Marianna Golodova, Alec Verny*
*sketches by Marianna Golodova*
*digital manipulations and digital art by Alec Verny*

МАРИАННА ГОЛОДОВА
НЕЖНЫЙ ДЕМОН
сборник поэзии

Marianna Golodova
Gentle Demon
poetry

ISBN-10: 0-9828404-1-1
ISBN-13: 978-0982840412

Published by plusDA Publishers, New York
Art direction, cover, interior and title design by Alec Verny
Illustrations by Alec Verny, Marianna Golodova

Арт-директор, обложка и титул — А. Верный
Иллюстрации — Алик Верный, Марианна Голодова

Address: plusDA Publishers, PO Box 1183, LIC, NY 11101, USA

**+DA**
+DA / plusDA Publishers
www.plusDA.com

# НЕЖНЫЙ ДЕМОН

## МАРИАННА ГОЛОДОВА

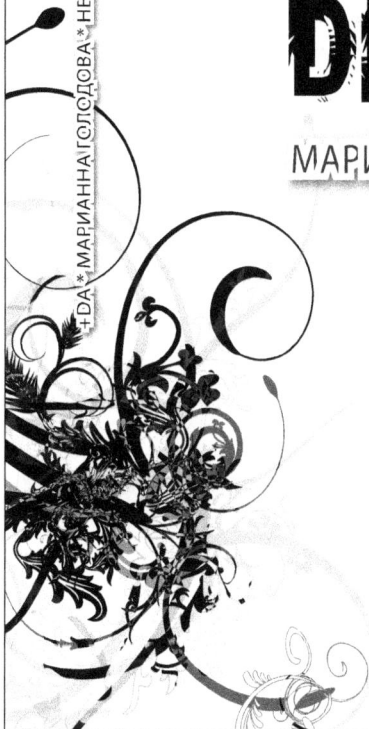

+DA*МАРИАННА ГОЛОДОВА*НЕЖНЫЙ ДЕМОН

**ĐА**ТОП
ПОЭЗИЯ

СОДЕРЖАНИЕ

**+ĐA**
+DA / plusDA Publishers
www.plusDA.com

## Содержание

**Нежный Демон
Марианна Голодова
Сборник стихов**

Чувства, переживаемые автором, близки и понятны сердцу каждого, кто знает любовь, счастье, боль и горечь утрат. Любовь — одна из главных тем стихов Марианны Голодовой — это не только любовь к одному единственному, это и любовь к родной земле, её природе, к людям. Марианна ведёт читателя по ступеням своей души, раскрываясь в полной мере: «Мой Демон нежный...», «Мне для жизни только б лето...». Она будоражит воображение живыми, сочными образами природы. Тонким, ажурным кружевом ложится её рифма, оставаясь в памяти вместе со звуками травы, деревьев и птиц...

Оргия воображения, чувственный поток в стихах Марианны Голодовой, не могут оставить равнодушным. Ее стихи окутаны серебристым цветом романтической печали. Логика соседствует с неприятием многих вещей: ход времени, тленность любви. Марианна лишь в начале своего творческого пути — это ее первый сборник, но мы считаем, что у нее большое будущее.

# НЕЖНЫЙ ДЕМОН

## МАРИАННА ГОЛОДОВА

+DAТОП
ПОЭЗИЯ

+DA
+DA / plusDA Publishers
www.plusDA.com

# МАРИАННА ГОЛОДОВА
# НЕЖНЫЙ ДЕМОН
сборник поэзии

Marianna Golodova
Gentle Demon
poetry

ISBN-10: 0-9828404-1-1
ISBN-13: 978-0982840412

Published by plusDA Publishers, New York
Art direction, cover, interior and title design by Alec Verny
Illustrations by Alec Verny, Marianna Golodova

Арт-директор, обложка и титул — А. Верный
Иллюстрации — Алик Верный, Марианна Голодова

Address: plusDA Publishers, PO Box 1183, LIC, NY 11101, USA

**+DA**
+DA / plusDA Publishers
www.plusDA.com

*На терпеливых страницах*
*память ушедших дней,*
*сны о забытых лицах,*
*отмеченных рукой моей...*

**Нежный Демон**
**Мой Демон нежный,**
**Благодарю тот день и час,**
**Когда судьба небрежно**
**Столкнула нас.**

## Зеркала

В день воскресный,
В полнолунье,
Обращусь с мольбой к колдунье...
Со свечою в зеркала,
В полночь явится она.
Бабка — колдуница,
Что в гробу лежала,
Силу сторожила,
Людям не давала.
Подари мне, ведьма,
Силу и удачу,
И немного счастья,
И любви в придачу.

## Я ветер

Ночь для меня, а ты светел.
Не изменюсь, прости.
То не я, а ветер
На твоём пути.

## Два берега

Над миром колдую и над собой…
Как хорошо оставаться одной!
Небо сейчас, как прозрачный хрусталь…
Где-то чуть слышно заплакал рояль…
Близко земля, небеса далеко.
Манят два берега — мне нелегко.
То ли я с небом, то ли с землёй.
Кто и зачем меня создал такой?

## Ночь Варфоломея

Позабыв о тоске,
Никуда не спеша,
На волшебной реке,
В майский день шабаша,

Две души — две весны,
Оттолкнув разум прочь,
Так друг другу нужны
В эту лунную ночь.
В ночь Варфоломея,
В праздник полнолуния,
Две звезды горели
В облаках безумия.

## Ветру…

Ветер, мой друг,
Ты пропой всем вокруг,
То, о чём я молчу, и чего так хочу!
Пусть затихнет земля,
Понимая меня…
Аль не ведьма ли я?
Аль не ночь мне сестра?
Призываю к себе
Все дожди и ветра!
Ты дыханьем моим
Его ветер овей!
Ты слезою моей
Его ливень омой!
Чтобы этот печальный
И ласковый зверь
Навсегда стал моим,
Навсегда был со мной!

## Небесный родник

Для меня и ни ад, и ни рай,
Ни на что не падёт выбор мой.
Где-то есть неизвестный край,
И туда я приду, как домой.
И не выбор обыденный путь —
Не хочу бесчувственной быть.
Я поглубже хочу вздохнуть,
Чтоб мгновеньем на свете прожить!
Я взлечу высоко-высоко…
Где-то там небесный родник…
Отыщу, если он далеко,
И пожертвую всем лишь за миг!

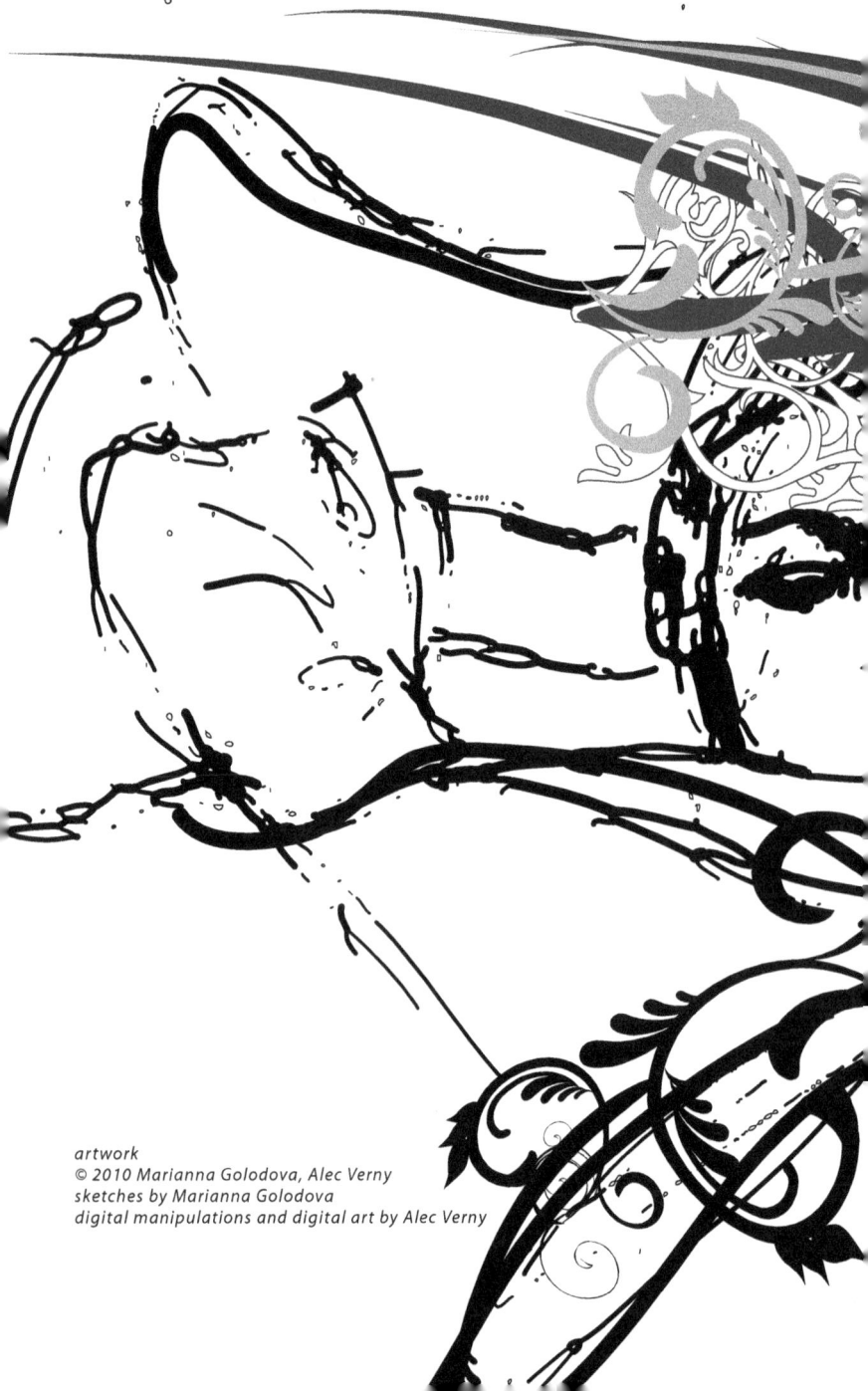

Где-то есть неизвестный край...

## Мы здесь временно

Мы здесь временно, временно, временно…
Дело каждому было доверено.
С благодарностью жить не умеем мы,
И, как дети, в себе не уверены.

Перед нами дороги, дороги, дороги…
В нашей гордости мы так убоги.
Перед Богом стоим уверенно,
А душа по частицам потеряна.

Где же светлое, тёплое, вечное?
Для кого же всё это намечено?
Перед нами лишь сотни дорог,
Как насмешка для детских ног.


*Обыденной жизни не нужен мне ход…*
*Лучше короткий, но яркий полёт!*


## Вуаль любви

Покажите мне эту любовь!
Я не вижу её лица!
За неё проливается кровь?
От неё так болят сердца?
Приоткройте её вуаль,
Приоткройте вуаль калеки!
И увидите нежную тварь —
От неё не спастись во веки…


## Без неё никак

О, святая простота-любовь!

Глубина и высота-боль.
Наполненье, пустота-ложь,
Безысходностью зажат нож.

Не травмирует, не режет-ждёт,
Не ломает и не топчет-гнёт.
Унижает? Порочит? — Да!
Только это, увы, не беда.

Не беда это всё — это суть.
Без любви мы живём как-нибудь,
А точней, не живём никак.
Без неё в сердце ночь и мрак.

## Не верю

Взаимности в чувствах не будет,
Но даришь надежду вновь.
Но разве пустая надежда
Заменит любовь?
Я помню о наших потерях,
Ведь их невозможно забыть,
Поэтому я не верю,
Что сможешь любить…

\*\*\*

Я хочу пройти по нити…
Вы забудьте меня!
Отпустите!
Моё сердце хохочет от боли…
На земле не прожить без воли…

Взаимности в чувствах не будет...

## Для вас

В мире вам не быть вдвоём.
Пыл смири, забудь о нём.
Холод губ и лживость фраз — солнце,
звёзды не для вас.

Как хранить любовь не знали,
А теперь уж опоздали.
Хрип сердец, жестокость глаз — всё для вас.

Вновь вернулись к вам морозы,
На щеках замёрзли слёзы.
Рук тепло и неги час — не для вас.

Одиночество, тоска, без кольца любви рука.
Это всё, в который раз —
Лишь для вас!

## Я ищу тех, кого люблю…
## Я люблю тех, кого искала

\*\*\*

Ты помни всегда моё имя,
Когда приходит рассвет,
И первый ноябрьский иней
Всё красит в серебряный цвет.
Когда осенняя тайна
К тебе возвратится вновь,
Ты вспомнишь тогда случайно
Мою неземную любовь.

Нам осенью друг без друга
Не быть никогда! Не быть.
Осень была нам подруга —
Она не позволит забыть.

## Туман

Ты куришь туман,
Выдыхая тишину.
Твоя правда — обман,
Тебе легче одному.
Ты играешь в любовь,
Так мечтая о ней,
Но без жалости убьёшь,
Если скажут «убей».
Ты ищешь свой путь,
Не желая найти.
Ты хочешь шагнуть,
Но не можешь идти.
Я не нарушу
Твой жизненный план…
И так в твоём сердце
Лишь серый туман…

## Подруге

Откуда взяли имена?
Кто подобрал их нам?
Какая доля суждена?
Какой итог нам дан?

Не хочу быть вестницей
Зла в твоей судьбе:
Ева — имя грешницы
Первой на земле.

Имя это древнее
Значит очень много —
Первое сомнение,
Первый вызов Богу.

Я ищу тех, кого люблю…
Я люблю тех, кого искала

А ещё бесспорный
Символ красоты,
Значит не напрасно
Так назвалась ты.

Ты зовёшься Евою,
Я с тобой не спорю,
Но молю — не первою
Делай вызов горю.

## Последнее письмо Евы

Я не одна, но одинока.
Я не больна, но боль сильна.
Принадлежа теперь другому,
Тебе по прежнему верна…

Кричу молчаньем.
Плачу смехом.
И снег ложится белым мехом…
Горячий лёд щеки коснётся,
И нить судьбы в тот миг прервётся…

Но, соскользнув на дно ущелья,
Успею попросить прощенья.
Чем глубже пропасть подо мной,
Тем ближе небо, Боже мой!
И чем солоней кровь во рту,
Тем слаще мысль, что я умру.

## Еве…

**1**

Я не чувствую боль,
Только ужаса крик.
Я вокруг ничего не вижу.

Стала сладкою соль,
Стала тяжкою роль,
Знаю только одно — ненавижу!
Ненавижу людей,
Ненавижу судьбу,
Я останусь одна навсегда.
Если скажут: «Не смей!» —
Засмеюсь и уйду,
Чтоб уже не прийти никогда.
Кто сказать это мог:
«Милосерден к нам Бог», —
Откровенная ложь бесстыжа.
Еву Бог не спасал.
В тот момент, видно, спал…
И теперь лишь одно — ненавижу!
Мне бы ночи наряд,
Мне бы ведьмы венец,
Я б такое сыграла Богу,
Что за этот концерт,
Наш Небесный Отец
Дал подальше от неба дорогу.


## Еве

2

Ева, Ева…
Красота твоя нетленна…
Губ гранатовых прохлада,
Шёлк, струящихся волос.
Тёплый голос, неги полный,
Взгляд святой и искушённый,
Вечной юностью, за муки
Наградил тебя Христос.

Ева, Ева…
Красота твоя нетленна…

## Еве

3

В объятиях рассвета,
Ночь тихо умирала,
И таяла, как льдинка
Хрустальная звезда…
И, сломанной тростинкой,
К подножью тьмы упала
Последняя надежда,
В день страшного суда.

\*\*\*

В бликах скупого освещения,
Я от иконы не уйду.
И в этот день — в твой день рождения
Я, как в бреду,
Всё жду,
Волшебного воскрешения…

## Схороненное счастье

Моё сладкое чувство к тебе,
Моё чувство любви и тревоги,
Схороню ото всех на земле,
Где становятся накрест дороги.
Где укажут умершие люди,
Там где лунный покой и беспечность,
Счастье тихо схоронено будет
На года, на века и на вечность.

## Без тебя

Я опишу свою любовь,
А вывод делай сам.
Я за тебя до капли кровь
И жизнь свою отдам.

Без тебя нет ни сил, ни воли,
Ты возьми мою руку, согрей.
Как ребёнок я плачу от боли
И от слабости женской своей.

Без тебя так ужасны ночи,
Без тебя моя жизнь пуста,
И в толпе тебя ищут очи,
И твердят твоё имя уста.

## Одиночество

Я одна, я одна постоянно.
Я привыкла к тому, чтобы ждать.
Он приходит, уходит случайно,
И случайно он может сказать,
Что любовь в его сердце остыла,
И пора уж оставить, что было,
И не стоит друг другу мешать.

## Ничего не изменилось

Расстаёмся ненадолго.
Уезжаешь, а я жду.
Одиноко и безмолвно
Я по улицам брожу.
Улыбаюсь лицемерно,
Говорю: «Всё хорошо».
Ничего не изменилось,
Просто ты вчера ушёл.

Лишь недели три до встречи.
То не месяц, не года,
Но, когда приходит вечер,
Мне так плохо — я одна.


## Ожидание

Ожидание хуже боли.
Мне, как птице, уставшей в неволе,
Не запеть…
Мне на нашу звезду смотреть —
На далёкий источник счастья,
Позабыв про беду и ненастья,
Немного теплей…
Но закрыта по-прежнему дверь.
Тебя нет. И не будет опять.
Сколько жить без тебя?
Сколько ждать?


\*\*\*

Я буду жить, как жила
Днём настоящим и будущим.
Забуду о том, что кого-то ждала
С синим взглядом чарующим.


## Если встречу

Я когда-нибудь встречу тебя
В нашем старом, уставшем городе.
Летним зноем ли,
В зимнем холоде,
Я случайно встречу тебя…
Не забытого мной, не прощёного,
И навечно любовью крещёного,
Я когда-то увижу тебя…

\*\*\*

Удивляюсь встрече,
А на сердце бремя.
В этот странный вечер
Вспять вернулось время…

## Все дороги к тебе

Все дороги к тебе, моя слабость,
Или сила моя — я не знаю.
То я чувствую бурную радость,
То мне кажется, будто я таю.
Толи мысли мои так упрямы,
Что витаю я в снах всё время?
Или в сердце застывшие раны?
Или памяти прошлое бремя?

## Возможно ты

Возможно, ты моя мечта,
Мой сон, давно ушедший в Лету.
Я для тебя, возможно, та,
Которой лучше в мире нету.

И, может быть, мой идеал
Никто иной, как ты, мой милый.
Ты ливень мой, ты мой пожар
В душе уставшей и застылой.

И, может быть, судьба моя
Наполнится тобой до края,
И станет тёплою земля,
Меня собою согревая.

Нет верности, увы, ни в чём.
С надеждой на судьбу гадаем.

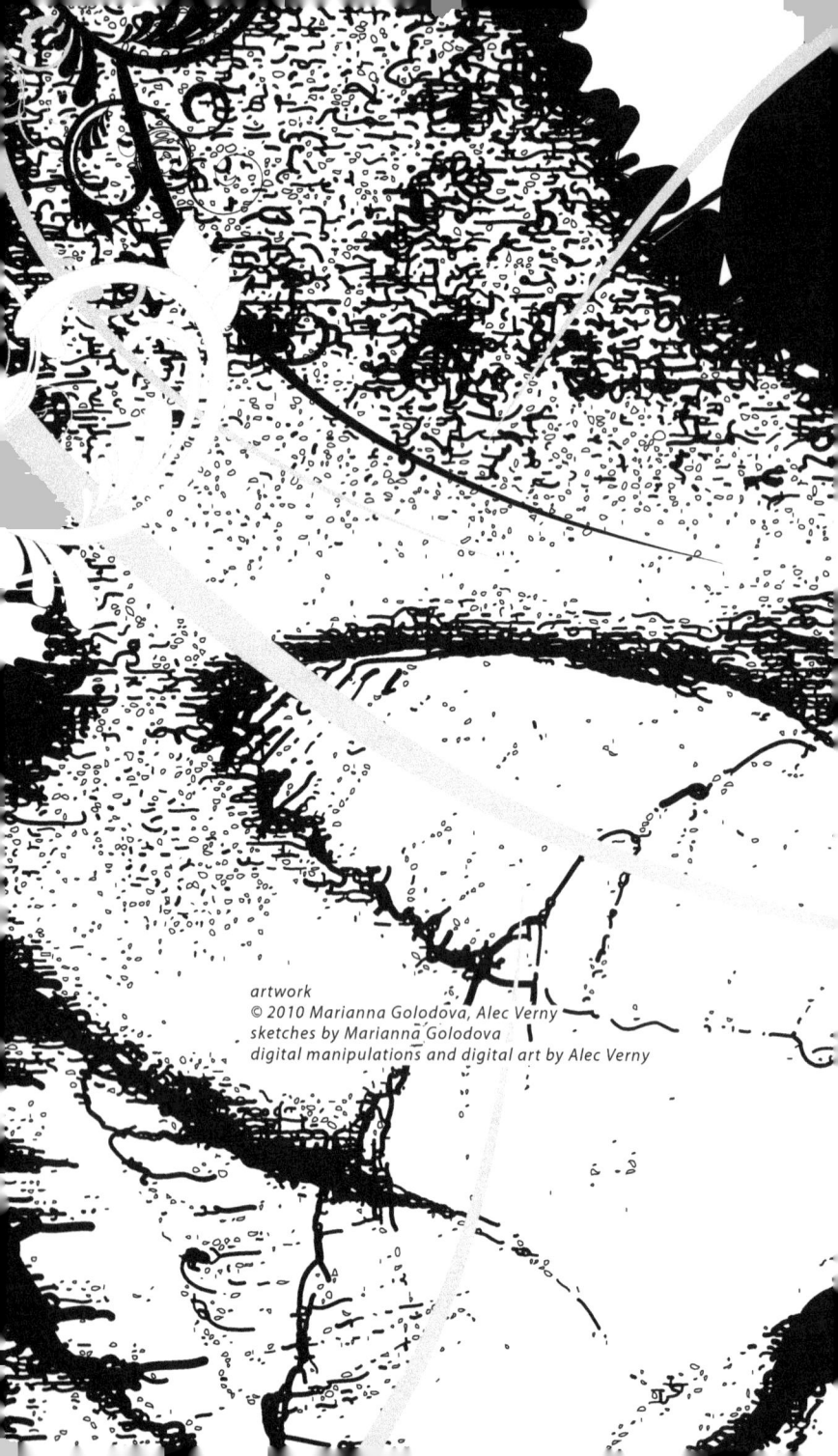

artwork
© 2010 Marianna Golodova, Alec Verny
sketches by Marianna Golodova
digital manipulations and digital art by Alec Verny

Мой сон, давно ушедший в Лету.

Бывает, ищем и найдём,
И тут же глупо потеряем.

Но верю я, что сей итог
С тобою не назначен.
Возможно, ты немного смог,
Понять мой мир иначе.

\*\*\*

Умоляю тебя, живи!
Презирать свою жизнь не смей.
Ради веры моей и любви,
Ради пламени губ и очей!

Та не слышишь теперь моих слов…
Ты так тихо, так странно спишь,
Затерявшись среди своих снов,
И молчишь так жутко, молчишь…

## Колыбельная вечности

Закрывай свои синие очи,
Изида стоит за спиной.
Хранит она тайну ночи,
И твой безмятежный покой.
И держит душистые свечи
Своим золотым крылом,
Уставшую душу излечит
Последним глубоким сном.
Забудь обо всём на свете,
Забудь о ничтожном мире.
Пусть места не будет смерти,
Откройся свободе и силе.
Усни мой любимый, милый…
Усни… я побуду с тобой…

Великой Изидой хранимый,
И нежной любовью земной.


## Пока ещё…

Моя встреча со смертью на завтра…
Принимаю, судьба, свою долю,
Но, пока я ещё Клеопатра,
Насмеюсь и наплачусь вволю!


\*\*\*

А потом была боль нестерпимая
Оттого, что погибло чувство.
И надежда, едва ощутимая,
Разлетелась как тлен — всё пусто.
Пустота, как поверхность луны,
Там, где нечему больше сохнуть.
И тончайшие стоны струны,
Готовой лопнуть.


## Царица Месть

Дня торжество остыло,
Лампады ночной зажигается свет.
Я вспомнить хочу,
Что на время забыла.
Я вспомнить хочу о том,
Кого нет!
Всё смешалось,
Лица и краски…
Ничто ничего не значит!
О чём вспоминаю,
Чьи губы, чьи ласки?
О чём безвозвратном плачу?

Умоляю тебя, живи!
Презирать свою жизнь не смей.

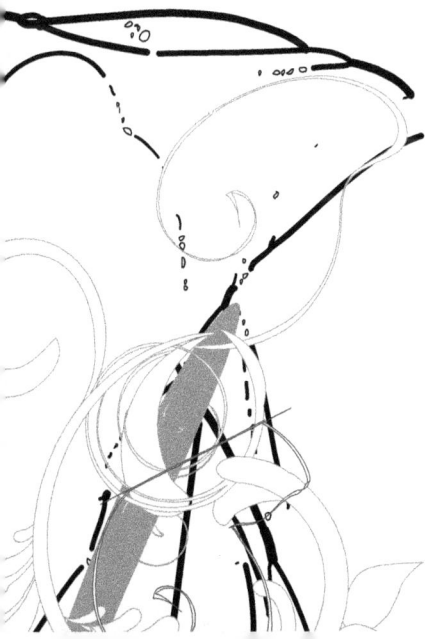

Одно хорошо,
Что плачу без слёз.
Ещё хорошо, что есть
Мир цинично растоптанных грёз,
Где правит Царица Месть.


\*\*\*


Ты стоишь у закрытых дверей,
Понимая с тоской и болью,
Не вернуть потерянных дней,
Где искрилось пространство любовью.
Почему же стоишь ты сейчас,
Если знаешь, что близится вечер?
Потому, что когда-то для вас,
Были дороги эти встречи.


## ВЕСНА

\*\*\*


Если разум прохладен,
И сердце молчит,
И бессмысленным кажется путь,
Своей силой любви
Вас весна оживит,
Помогая, как прежде вздохнуть.
\*\*\*


Весною, в апреле, вновь
Цветы, прогулки до ночи.
Беседы вдвоём про любовь,
И горя ничто не пророчит!


\*\*\*

Пусть чувства — обман,
Пусть мир к нам жесток…
Весна мне подарит свой первый цветок.

## Весна — любовь

Я не знаю, что случилось!
Неужели вновь,
Сердце радостно открылось,
Пропустив любовь!

Я её давно боялась,
И гнала с пути,
А она ко мне прижалась,
Просится: «Пусти!»

Стала у моих дверей
Девушка-весна.
Не хочу перечить ей,
Так она нежна!

Позову её к себе:
«Заходи, любовь!»
На моей сухой земле
Будет зелень вновь.

## Час любви

Не вернуть потерянных дней,
Где искрилось пространство
любовью.

В час, когда будет небу угодно,
Закипит, заволнуется кровь.
И как чистый родник из-под камня,
Возродится из пепла любовь

Зацелует весна наши очи,
Закружит в белом танце цветов.
Нам покажутся краткими ночи,
Эти ночи любви и стихов.

\*\*\*

Да, всё же в этом мире,
В невежестве утопшем,
Есть место воле, силе,
И благородству тоже.

## МГНОВЕНИЕ

Ты — моя неистовая сила!
Ты — моя живительная влага!
Сердце сумасшедшее застыло…
И куда-то пропала отвага…
Ты сегодня солёный, как море,
Освещённый лишь лунным светом.
Наполняя до края собою,
Отступаешь, увлекая следом.
Блеском звёзд пред тобой рассыпаюсь,
Все пути к себе открывая…
Я пришла сюда и останусь,
Здесь, у моря, тебя ожидая.
И вся суть лишь в одном движении,
Двух частей одного мироздания.
В мимолётном солёном мгновении…
В ритме слепого желания…

## Пожелания в день свадьбы

1
***

Берегите любовь, берегите,
Станьте опорой, землёй,
Созидайте любовью, творите,
Станьте самой счастливой семьёй.
2
***

Пусть в любую печаль и ненастье,
Что бывают у нас иногда,
Согревает семейное счастье
Все секунды, недели, года!
3
***

Желаю мечтать и любить,
Чтоб жизнь была счастьем согрета!
Желаю во всём находить
Приятные стороны света.
Прекрасное в сердце храня,
Постичь непростое искусство,
Как делать из каждого дня
Гармонию мысли и чувства!

## Муки любви

Ты — моя неистовая сила!
Ты — моя живительная влага!

artwork
© 2010 Marianna Golodova, Alec Verny
sketches by Marianna Golodova
digital manipulations and digital art by Alec Verny

(стихотворный перевод песни)
1
Смертная мука — любовь,
В пламени сердце сгорает,
С губ пересохших срывает
Крик о тебе, моя боль!
2
Мечта воплотится едва ли,
Но всё нестерпимее страсть.
Очи от солнца и ветра устали,
О, как устоять, не упасть.
3
Желание моё всё сильнее,
Сегодня я чувствую вновь,
Что жить так, как раньше
Я больше не смею,
Пока жива в сердце любовь.


## Королёк

Я одна, как ветер в поле,
Словно певчий королёк.
Не могу я жить в неволе,
Мне противен лишь намёк.

Влюблена я в свет, росу.
Обожаю время это
За цветущую красу.
Ну а зимний чистый снег
Мне приносит мыслей новых.
Снег целителен для всех,
Для души холодный отдых
Хорошо быть вольной птицей,
И встречая день, зарю,
Просто с птицами резвиться,
Просто песню петь свою.
Колкий холод смехом встретить,

И за всё благодарить,
И, не думая о смерти,
Так легко и просто жить.


## НЕЛЬЗЯ ИНАЧЕ

Почему не грущу и не плачу?
Потому что нельзя иначе.

Надо верить, как прежде, надеяться,
Что удача когда-то встретится.

Что любовь наречённая сбудется,
И, споткнувшись, душа не остудится.

Не обманется в ожидании,
Как когда-то на первом свидании.

И не стоит оплакивать прошлое,
Ни плохое оно, ни хорошее.

Ни приятное, ни противное,
А обычное — негативное.

С болью! Со слезами!
И уже не с нами!

Я всю память уничтожила,
Грядущим себя обнадёжила.

Излечила себя, оживила —
Это воля моя, это сила!


\*\*\*
Я ангел, когда это надо.

Излечила себя, оживила —
Это воля моя, это сила!

Когда же вне райского сада —
Я демон из ада.


## Дежавю

Что есть сейчас, когда-то с нами было.
Не раз с тобой сходились, расставались.
Нам солнце безумное светило,
И звёзды холодные смеялись…
Изломали с тобой сто судеб,
Перепутали сотни дорог.
И теперь безразлично, что будет,
И от этого горький восторг!
В моём сердце восторг разрушенья!
Я готова опять ошибаться,
Чтобы было в глазах свеченье,
Чтобы снова, как раньше смеяться.
Чтобы вспомнить, чем раньше дышала!
О, как дороги прежние чувства!
Я со всей полнотой осознала,
Как внутри меня мрачно и пусто.

Но не думай, что всё безнадёжно,
Лишь другою я стала немного.
И сегодня ещё возможно
Отыскать в темноте дорогу.


## Между нами

Нас не манит любовь давно,
Чувства снежным ковром укрыты.
Но, не верится, всё равно,
Что весенние дни забыты.
Между нами дождливый день,
Между нами холодный остров,
Между нами обиды тень,

Между нами всё так непросто.
Нам с тобою любить повезло.
Жаль любовные тропки зыбки.
Но, давай же, забудем зло,
И друг другу простим ошибки.
Ты с сомнением не смотри,
И не думай, что всё пропало.
К нам вернутся часы любви,
Ночи, годы — всё будет мало.


\*\*\*


Перекрёсток судеб — твой и мой,
Перекрёсток грустных и радостных дней,
Расставаний горьких — шумный перекрёсток…

## Ночная фея

Я не знаю, как получилось,
В тот осенний, короткий вечер.
Я пришла к нему, я решилась,
Положить ему руки на плечи.
Светотени на бледной коже,
И средь сумрака глаз огонь…
«Ищешь ты, и найти не можешь
Неземную свою любовь», —
Он сказал мне тогда и впустил,
Закрывая тяжёлую дверь.
И так трепетно нежен и мил,
Был той ночью холодный зверь.
Я лишь миг ему подарила,
Ничего не обещая.
Я любила — и не любила,
Просто так, любовь принимая.
«Ты лишь миг всего подарила,
Ничего не обещая.
О любви моей позабыла,

artwork –
© 2010 Marianna Golodova, Alec Verny
sketches by Marianna Golodova
digital manipulations and digital art by Alec Verny

И так трепетно нежен и мил,
Был той ночью холодный зверь.

Ранним утром, фея ночная.»
А потом я ушла, не заплакав.
Удержать он меня попытался,
И тепла его терпкий запах
С горечью потерь смешался.
Торопил меня дождь осенний,
Ветер гнал по кругу листву…
«Ты прости мне, ночная фея,
Что забыть тебя не могу…»
Град сомнений и слёз ненастья
Никогда меня не тревожат.
Я не знаю боль и несчастья,
Но и счастья не знаю тоже.
И как только весна просеет
Солнца первые лучи,
Я вернусь к нему, словно фея,
Чтоб уже никуда не уйти.


\*\*\*


Теперь ты ждёшь меня безмолвно,
Закончив с чувствами игру,
Когда я гордо и покорно
К тебе приду.


## Дом из детства

Стоит деревянный дом,
Затих в вишнёвом цвету.
Он в старость свою влюблён.
Каштан поклонился ему.
И юная липа молчит,
Весеннюю свежесть храня.
А дом отдыхает, спит
И видит во сне меня.

## Новый дом

Не помню больше прошлых чувств.
Они потухли и увяли.
Тот дом теперь прохладен, пуст.
В нём радости нет и печали.
И не печалюсь я о нём,
Всё прошлое — любовь, потери.
Теперь я строю новый дом,
В его незыблемость я верю.
Я верю в свет в его окне,
И в дверь, которая открыта.
Туда спешу — там рады мне,
И страх забыт, и боль забыта!

## Чёрно-белое

Снов цветных я давно не вижу,
Будто в чёрно-белом кино.
Рай всё дальше, земля всё ближе,
И открыто в пропасть окно…
Кадры ласк, редких писем строчки,
Словно карты, память бросает.
В этих снах не ищу пророчеств,
В чёрно-белом огне сгорая.

## Город

Снов цветных я давно не вижу,
Будто в чёрно-белом кино.

В город пришла беда…
Город стихию обидел.
В нём высыхает вода,
Свою покидая обитель.
А серые стены стоят,
Раскинув глухие уши,
И в них такие же спят
Холодные серые души…

## Я житель города

Сквозь камень и смрад иду,
Я житель мёртвого города,
В его утопая бреду,
Где спрятаться негде от холода.
Здесь нет возможности жить,
Здесь просто нечем дышать,
Порою, не зная как быть,
Не зная, куда бежать.
Но есть благотворный край,
Куда уходя от людей,
Я нахожу свой рай,
Средь леса, озёр и степей.
Продляет природа сроки,
И время умирает.
А жёлтый костёр высокий,
Сжигает и очищает.

## Долина Мёртвых роз
## Баллада вампира

1
За огонёк потухший мой,
В море горьких слёз,
Я приведу тебя, родной,
В долину мёртвых роз.
2

Они мертвы, мертвей меня,
Но их прекрасней нет.
И лепестками их земля
Укрылась в белый цвет.

3

На сей покров поникнешь ты,
Забыв про «Отче наш»,
И эти мёртвые цветы
Устроят свой шабаш.

4

Я обманула, мой родной,
Тебя в последний раз —
Сейчас не ангелы с тобой,
Их нету среди нас.

5

Господь закрыл на нас глаза,
Велел нам демон жить,
И кровью поит нас гроза,
Когда мы просим пить.

6

Но нет прекрасней наших тел,
И лучезарней глаз…
А ты, несчастный, не хотел
Остаться среди нас.

7

Теперь останешься, поверь.
Ещё никто не смог,
Найти свой ключ,
Открыть им дверь,
И преступить порог.

## Кукушка

Они мертвы, мертвей меня,
Но их прекрасней нет.

Я свободная, как невольница.
Ни жена никому, ни любовница.
Я крещёная, ночью лунною,
Не священной водой,
Птицей блудною.
Убаюкана песней ветра я,
Одинокая и бессмертная.
Нет в глазах моих покаяния,
И кидаю любовь в подаяние.
Я холодная, я неверная.
Как кукушка я, птица скверная.
Всласть любимая, не влюблённая,
Одиночеством упоённая.


## Зеркальная правда

Пред зеркалом застывшая стою,
И мучают жестокие сомнения.
Я глаз своих теперь не узнаю
В зеркальном отражении.
Там чёрная ночь бездонная…
Откуда я это взяла?
Я счастливая и свободная,
И врут мне сейчас зеркала!


\*\*\*

Душа моя,
Опусти непосильное бремя,
Ведь уже не пора и не время,
Засевать не проросшее семя.
Пропадёт оно, станет холодным.
Мир не вспомнит о нём, не узнает,
Что зарыто оно плодотворным,
И в потёмках, вдали, погибает.

## Две свечи

Уезжая она, оставляет ключи,
Забывая дорогу в свой дом.
И стоят на окне две потухших свечи,
И мешает дыханию ком.
Эта песня любви не допета вдвоём.
Эта чаша любви не допита.
И уходит она, забывая о том,
Что навечно не будет забыто.
И уходит она, запрещая себе,
Оглянуться на пепел и прах.
Один миг… и одна на земле,
И судьба её в Божьих руках.
Почернел и потух её пламенный взор.
Ни цветы, ни трава, ни люди,
Ни осенний листок, ни морозный узор
Её сердце тревожить не будет.


\*\*\*


Не волнуйся ни о чём.
Не вини себя напрасно.
Твоё сердце горячо,
И душа твоя прекрасна.


\*\*\*


Я хочу тебе сказать,
Не могла я раньше знать,
Что настанет этот час,
И любовь проснётся в нас.
Что захочется любить —
Плакать, радоваться, жить!

Диалог о тебе с тишиной…
Говорю ей про сны

*artwork*
*© 2010 Marianna Golodova, Alec Verny*
*sketches by Marianna Golodova*
*digital manipulations and digital art by Alec Verny*

И в глазах тонуть твоих,
И дыханье на двоих…
С наслажденьем вспоминать
Рук тепло и нежность взгляда,
И от счастья трепетать,
Ощущая тебя рядом.


## Я и ты

Как же хочется мне,
Разорвать все листы,
На которых она,
На которых с ней ты.
И как хочется взять
Твои руки в свои,
И тихонько шептать:
«Мы вдвоём, мы одни».
И дыхание твоё
На щеке ощущать:
«Мы вдвоём. Я и ты.
И не время страдать».
И в зелёных глазах
С упоеньем тонуть.
И на тёплом плече
Безмятежно заснуть.
И проснуться счастливой,
И полной любви.
В гармонии с небом,
Землёю, людьми…
И я терпеливо буду идти,
В ночи и ненастье,
Сквозь терний пути
К заветному счастью.


## Ты и тишина

Диалог о тебе с тишиной…
Говорю ей про сны и пророчества,
Говорю, что хочу быть с тобой,
Что постыл этот вкус одиночества.
Я хочу наслаждаться теплом,
На себе ощущая твой взгляд.
Я хочу быть уверенна в том,
Что ты мне, без сомнения, рад.
Но ты не один, и не мой.
У тебя есть жена и дочка.
И шепчу в тишину я: «Стой!»
И рисую жирную точку.
А потом ещё больше мечтаю
И желаю того, что нельзя,
Потому что от глаз твоих таю,
И плывёт под ногами земля.
У меня голова идёт кругом
От рук твоих, от улыбки…
Мне сложно считать тебя другом,
И молча платить за ошибки.
Эти мысли — огромный секрет,
Я доверить могу тишине.
И сейчас никого рядом нет,
Кто бы знал мою боль о тебе.


**Елене**

Как же хочется мне,
Разорвать все листы,

И он не вспомнил ничего,
О том, как ты его любила.
Ты прошлым стала для него.
Он всё забыл — ты не забыла.
Как глупо было в нём искать
Потухшую, былую нежность.
О чувствах прежних вспоминать,
Встречая лишь его небрежность.
И не за что просить прощенья,
Не страшно вовсе быть одной.
Любовь была твоим творением,
Жила в тебе, ушла с тобой.
Пропало всё. Стекло разбито.
В единое его не склеить.
Так пусть же будет всё забыто.
Дай ветру пыль его развеять.

## Чёрный кофе

Не проси — не прощу,
День придёт, всё забуду.
Я тебе отомщу,
Тем, что счастлива буду.
Слов красивых не трать,
Не тревожься напрасно.
Что теперь объяснять,
Разлюбил и прекрасно.
Знаю я, ты придёшь,
Поцелуешь меня.
Чёрный кофе нальёшь,
И начнёшь объяснять,
Что был занят вчера,
Задержался в пути.
Я отвечу: «Пока!
Уходя, уходи».

\*\*\*

О прошлом принято жалеть.
Бездарно молодость прошла…
А мне бы дни с тобой стереть,
Начав всё с чистого листа…

\*\*\*

Моё сердце, утихни, остынь!
Твой огонь никого не греет!
А в награду никто никогда,
Вновь разжечь тебя не посмеет.

## Не вернусь

Нет, я не вернусь к нему сама,
Даже если этого хочу.
Если в сердце без него зима,
И от холода и боли закричу.
Даже если слёзы на глазах,
Даже если губы в кровь,
Я не вспомню о нежных руках,
И «любимый» не промолвлю вновь.

## Слова

Если в сердце без него зима,
Я от холода и боли закричу.

*artwork*
*© 2010 Marianna Golodova, Alec Verny*
*sketches by Marianna Golodova*
*digital manipulations and digital art by Alec Verny*

Ты не пришёл, а я ждала,
Укутав плечи в шаль.
Повисли в воздухе слова…
Я лишь вздохнула — жаль…
Мне жаль, что так случилось вдруг,
Что я совсем одна,
И не смогла промолвить вслух
Те нужные слова.


## Рано остыла

Я знаю, ты меня простишь,
Ведь ты меня безумно любишь,
И ни за что не укоришь,
И за ошибки не осудишь.
Ведь ты не можешь без меня,
Как я не в силах быть твоею.
Себя одну во всём виня,
Тебя надеждой не согрею.
Мне не согреть твои уста,
Я рук твоих держать не стану.
Моя душа тобой пуста —
Она с тобой остыла рано.


## Давай расстанемся

Давай расстанемся с тобой,
На весёлой ноте.
Позабыв про тяжкий бой,
И плохой охоте.
Позабыв слова любви,
Волю рук и губ.
Отпусти и не зови
Мой мятежный дух.

## Смешной герой

Теперь я знаю, всё что было —
Обман, игра, я не любила.
Когда ушёл он, то слезой
Я глаз своих не осквернила,
И не старалась удержать его…
Как сон забыла всё,
Как будто он был лишь игрой,
Придуманный, смешной герой
Забытых дней…
Он называл меня своей,
Я отвечала «да» в ответ,
Сама не веря в этот бред,
Играла…
Совсем тогда не понимала,
Зачем всё это мне, ему,
Гораздо лучше одному,
Чем с кем-нибудь,
Чем с кем попало.


## ДИКИЕ ПТИЦЫ

Мы простимся с бесстрастными лицами,
Чтоб уже не увидеться вновь.
Мы останемся дикими птицами,
И не вспомним про нашу любовь.

Нам достаточно будет воли,
Наша гордость страдать не будет.
И никто не покажет боли,
И в отместку никто не осудит.

Не нужна нам прощальная драма.
Все эмоции наши на грани…
Пусть в душе кровоточит рана,

artwork
© 2010 Marianna Golodova, Alec Verny
sketches by Marianna Golodova
digital manipulations and digital art by Alec Verny

Совсем тогда не понимала,
Зачем всё это мне, ему...

Но зато она будет в тайне.

Но как глупо, больно и жутко,
Так спокойно тебя отпустить.
Закрываю глаза на минутку,
Представляя как дальше прожить…

Но я, всё же, тебя отпускаю,
Ты мой тёплый, желанный, живой!
Ты погибнешь со мною, знаю.
Потому расстаёмся с тобой.

И бессмысленны эти строчки,
Раз ничто изменить не могут.
Прозаично поставлены точки,
И стихи нам уже не помогут.


\*\*\*


Ты теперь не со мной,
Но, по-прежнему, мой.
Если я не с тобой,
Значит быть мне одной.

Я не чувствую боль,
Если рядом с тобой.
Если ты не со мной —
Я придумаю роль.

Если ты не со мной —
На щеках моих соль,
Мир не больше, чем ноль,
Если я не с тобой.

Но душа твоя спит,
И твой разум молчит,
И в основе тебя

Безразличье лежит.

И не слышишь ты крик,
И не чувствуешь боль,
Ведь тебе всё равно,
Что хочу быть с тобой.

## Тень

Прокручивая прошлый день,
Тебя невольно вспоминаю.
Меня согреет твоя тень.
О, как мне жить, сама не знаю!
Что же ты меня не покидаешь,
И чувствам остыть не даёшь?
Теперь не одна я, ты знаешь?
Зачем в моих мыслях живёшь?
Лишь прошлое наше в памяти...
Безумствам конец — юность прошла...
Я всё потеряла, любимый,
И ничего не нашла...
Лишь прошлое в моей памяти...

Ну что твоя тень неспокойная
Так печалит меня?
Свободна ли я, несвободная?
С тобою на век — без тебя!

## Вор

Прокручивая прошлый день,
Тебя невольно вспоминаю.

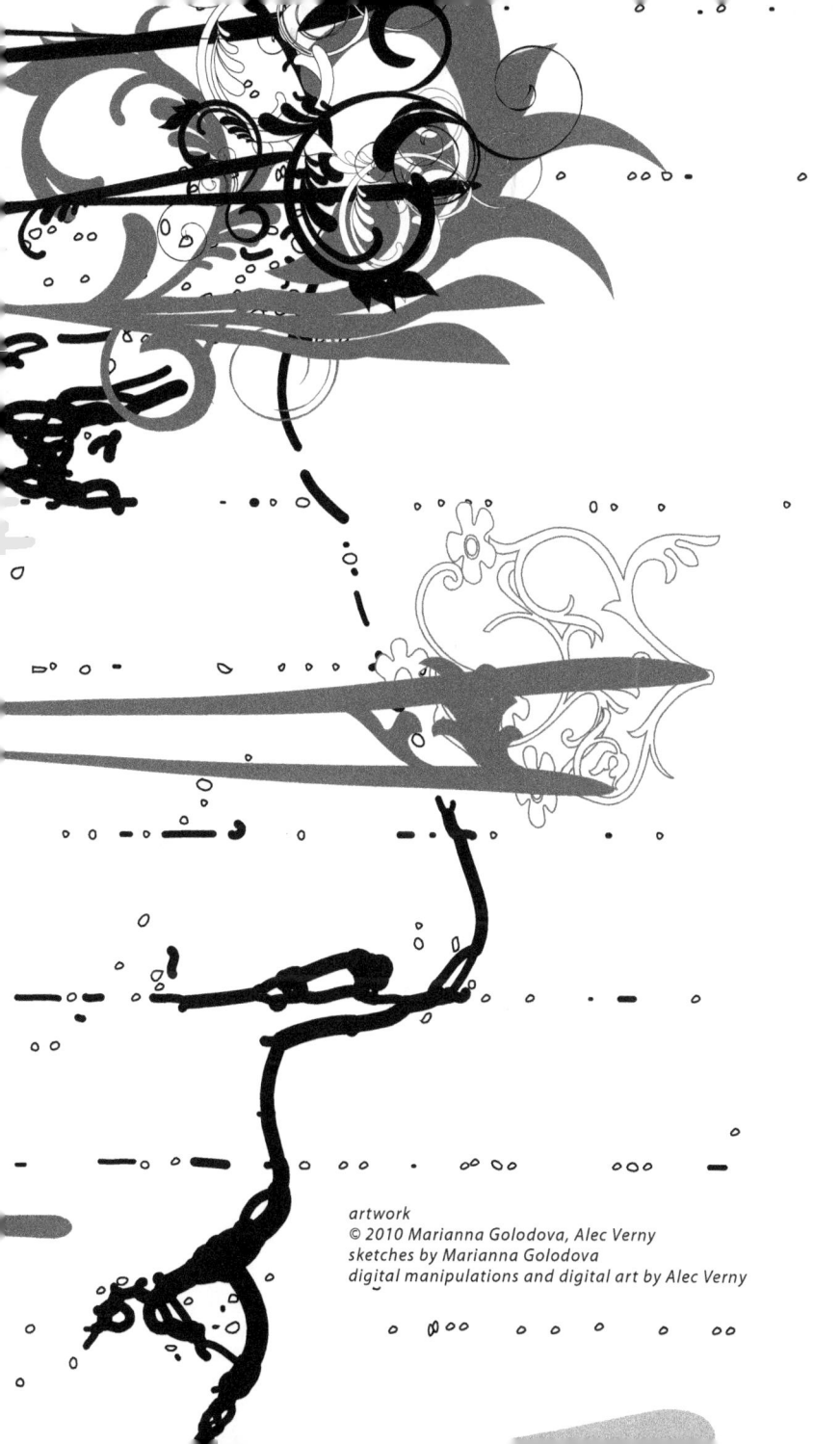

artwork
© 2010 Marianna Golodova, Alec Verny
sketches by Marianna Golodova
digital manipulations and digital art by Alec Verny

А ты и не заметил до сих пор,
Что сердце моё украл.
Покидаешь меня, словно вор,
Всё забрав, ничего не отдал…
Надену чёрную одежду,
Открою двери в ночь…
Ты, не оставив мне надежды,
Уходишь прочь.
Ну, что ж, одна в проклятом мире,
С пустой душой,
В пустой квартире,
С холодной кровью,
Мёртвым взглядом,
С тобой, как тень,
Я буду рядом.
Я не смогу забыть тебя!
Прости, любимый, я твоя!

Ещё один раз,
В синеве твоих глаз,
Утонуть хочу…

## Год за годом.

Год за годом, как в карусели.
Всё стареет: друзья, работа.
Время только меня жалеет,
Словно ждёт от меня чего-то.
Вот опять весна на пороге.
Снег истлевший ветер уносит.
Всё в судьбе моей было бы просто,
Если бы не было этих вёсен.
И любовь бывает жестокой,
Кто-то счастлив, кого-то бросив.
Мне не страшно быть одинокой,
Если б не было этих вёсен.

## РУСАЛКА

В июле, в ночь,
В лесу у озера,
Одна русалка
Рыбью кожу сбросила,
Мечтая о любви,
Покинув склеп,
Где лилии цвели.
Ногой ступая босой
По палкам и колючкам,
Откидывая косы,
Тонкой белой ручкой.
И что её влекло?
Куда её манило?
Она не понимала,
Она совсем забыла.
Теперь другая сила
Ею управляла,
И так всегда бывало,
В ночь Иван Купала.
Любви она хотела,
Это несомненно,
И для неё вставала,
Красива и нетленна.
А люди в эту ночь,
В белых одеяниях,
В венках и со свечами,
Следуя преданиям,
Праздник отмечали.
Жгли они кострища,
В лесной прохладной куще,
Травы собирали
И папоротник цветущий
Искали для забавы.
Русалка наблюдала,
Как жизнь звенит ключами,
Плясками, прыжками,

И что её влекло?
Куда её манило?

Весёлыми речами…
Она не находила,
Того к кому стремилась…
Печаль её сильнее,
Чернее становилась.
Тоска её глодала,
Она тонула в ней,
Хотела и не знала,
Как в круг попасть людей.
Пойти поближе к людям,
Хотела и не смела,
И вот тогда наяда
Завыла и запела.
Завыла, словно ветер,
Запела соловьём,
О том, как месяц светел,
Как с ним легко вдвоём.
Не всякий эту песню
Услышит ночью лунной,
Русалки одинокой,
Влюблённой и безумной.

## Волчица

Удар. Другой.
Теряя кровь,
Вставала вновь,

Глотая боль,
Спасая их,
Детей своих,
Двоих.

И гордый взгляд,
Сильней огня,
Расплавил снег,
Кипит земля!

Она одна,
Но всех сильней.
Не тронь её,
Не тронь детей,
Огонь её гасить не смей!

Её любовь, её тоска,
И два оскаленных клыка,
Сражались с смертью
За двоих.

За мужа и за малых сих,
Спокойно приняла удар…

## Люди-волки

Мы люди-волки, одиноки.
Похоже, мы одни всегда.
Как волки, мы к другим жестоки,
И к нам жестоки иногда.
И потому мы всё теряем,
И вновь найдём, чтоб потерять.
Что завтра будет, мы не знаем,
Но нам удобнее мечтать,
Что всё изменится когда-то,
И станем мы умнее…
И, может быть, счастливей,
И, может быть, добрее.
И уж не волки будем,
А простые люди.

\*\*\*

О том, как месяц светел,
Как с ним легко вдвоём.

Хочу всю боль я у тебя забрать,
К груди прижать.
Послушай сердце,
Оно не может лгать.
Но, как мне грусть твою унять,
Чтоб продолжать бороться?

Ведь без тебя я камень…
Озябший серый камень
На дне колодца.


## Упрёк себе

Стал тебе он не интересен,
В прошлом лучшие дни остались.
Вы вчера ещё были вместе,
А сегодня уже расстались.
Объяснений его не слышишь,
И при встрече молчишь упрямо,
Словно новое счастье ищешь,
Словно хочешь забыть о старом.
А он, несмотря на стужу,
На хаос вокруг и мрак,
Видел живую душу,
В твоих потускневших глазах.


## Случайный знакомый

Здравствуй, случайный знакомый,
Тобою грусть навеяна.
Помнишь, когда мы встретились,
Ты мне напомнил Есенина?
Глаза такие же синие.
Зачинщик веселья один,
Ростом не очень высокий,

И, словно Есенин, блондин.
В компании мы отдыхали,
Взрывая с тобою танцпол.
До одури танцевали,
Ты даже забрался на стол…
Обратно слезать было поздно,
Под общие крики: «На бис!»
И ты, вполне виртуозно,
Мне танцевал стриптиз.
Вся дискотека глазела,
И наблюдала охрана,
Но после, весьма деликатно,
Вывели хулигана.
Вот так, оказавшись вдвоём,
Мы, однако, влипли,
Гоняя всю ночь на твоём,
Сверкающем мотоцикле.
У нас телефоны звонили,
А мы отвечать не хотели,
И пары свои забыли,
И в этом признаться не смели.
И все объяснения минуя,
Ломали каноны верности,
В восторге поцелуя,
И в океане нежности.
Конечно, мы утром расстались,
Вернувшись туда, где ждали,
Но поцелуи остались,
И тайною нашей стали.
И вот средь танцующих кружим,
Опять нас столкнуло судьбою.
Да только теперь я с мужем,
А ты со своею женою.


## Душа—скрипка

Хочу всю боль я у тебя забрать,
К груди прижать.

Всё на свете хлипко зыбко,
И движется точно по кругу.
Но я поднимаю скрипку,
Единственную подругу.
Она не меняется вовсе,
Как раньше голос приятен.
И вот отпадают вопросы,
С ней каждый вопрос понятен.
Мне грустно, она на бемоле
Мажором смеётся со мною,
Здесь нет сомнений и боли,
Другим эмоциям воля!
Мы с детского сада вместе
Все вечера проводили.
И даже ко мне, к невесте,
Поздравить её приносили.
С белою лентой в колке,
От счастья себя не чая,
Стояла она в уголке,
Тихонько по мне скучая.
Взяла я её, согрела,
Отвесив гостям реверанс,
И скрипка моя запела
Тягучий цыганский романс.
Пусть плачут пьяные гости —
Всё хлипко на свете и зыбко…
Здесь нет невесты вовсе,
Здесь только душа её скрипка.

## Глаза сына

Что в глазах у сына?
Синяя пучина,
Брызги морской соли,
Парусник на воле,
Резвые дельфины,

Сказки и былины,
Тайны о земле,
Всё, что я когда-то
Видела во сне.

## Верный аспект

(Алику)
Разорван логический круг,
Вдруг.
И среди сотни имён
Он.
Включает потоки света,
Двух похожих душ.
Что это?
Случайный куш?
Нет.
Всё тот же свет,
Разложенный на
Спектр.
Одного направления
Вектор.
Взаимное притяжение,
С новым
Аспектом зрения,
Которым видно всё,
Несомненно,
Откровенно,
Но верно.

Всё на свете хлипко зыбко,
И движется точно по кругу.

*artwork*
*© 2010 Marianna Golodova, Alec Verny*
*sketches by Marianna Golodova*
*digital manipulations and digital art by Alec Verny*

# Первые стихи

## Воскресение

Я открываю глаза,
Меня окружает свет!
Кто это людям сказал,
Что счастья на свете нет?
Ведь счастье глаза открывать,
Встречая улыбкой день,
И долго в постели лежать,
Свою ублажая лень.
Ведь день-то у нас выходной,
И в школу идти не надо —
Это подарок большой.
Я так воскресению рада!

## Дик

Мне принесли собаку,
Маленький чёрный комочек.
Как назову я лайку?
Может быть просто Дружочек?
Нет, назову её Диком,
Он же почти что волк!
Будет мне другом великим,
Этот пушистый щенок.

## Сон

Опускаю голову
На его плечо.
Бьётся сердце здорово,
Телу горячо!

Поиграла прядями
Вороных волос.
Сон ты мой прекрасный,
Счастье мне принёс!

## Стог

Улечу я в поле,
Убегу я в лог.
Хорошо на воле
Падать в сена стог!
И валяться в стоге,
Затерявшись в снах,
И в завивку ноги,
С сеном в волосах.

## Кот

Мы взяли себе кота,
Самого наглого в мире.
Попа его без хвоста,
Просто его откусили.
Его откусили собаки,
За это их кот ненавидит,
Строя на них атаки,
Пока его псины не видят.

Мы взяли себе кота,
Самого наглого в мире.

## Хитрый сосед

У нас во дворе росла груша,
Очень близко к забору.
Сосед её тоже кушал,
Никто не считал его вором.
Однажды забор завалился,
Совсем уже хилым ставши,
И хитрый сосед оградился,
Вместе с грушею нашей.
Теперь оказалась груша
Уже за соседским забором.
И может спокойно он кушать,
Себя не считая вором.

## Улитка

Ползёт, ползёт улитка,
Достала свои рожки,
Ползёт через калитку,
И дальше по дорожке.
А маленький котёнок
Вокруг ползуньи скачет.
Не нравится улитке,
Скорее рожки прячет.
Котёнок её лапкой.
Улитка растерялась.
Такое вот невежество
Ей даже не встречалось.

## Дождик

Дождик, дождик,
Лей сильней,
Лей на крыши и людей.
Дождик, дождик,
Поливай

Палисадник и сарай.
Воду, дождик,
Не жалей,
И полей каштан
Скорей.
Дождик, лей,
Каштану мало,
Я его сама сажала.


## Лунный цветок

Лунный цветок только ночью цветёт,
И соловей ему ночью поёт.
Тянет цветок лепесточки к луне.
Песнь соловьиная льётся во мне.
Нежно струится его аромат,
Тайною сна заполняя весь сад.
Лишь до утра тот цветок процветёт.
Вместе с рассветом тайна уйдёт.
Солнечным светом развеет туман.
Вдруг я проснусь…и забуду обман.

Лунный цветок
только ночью цветёт,
И соловей ему ночью поёт.

# Часть Вторая

## Иллюзия

Лишь только приходит ночь,
Я возвращаюсь туда,
Где отметаются прочь,
Реальные дни и года.
Туда, где я вижу людей,
Отмеченных совершенством,
Живущих в мире теней,
Вместе с забытым детством.
Бегу я известной тропой,
Которую помнят ноги.
Эта дорога домой,
Где бабушка ждёт на пороге.
Где пахнет жасмин и пион,
А в белом проёме окошка,
Под дедушкин аккордеон,
Мурлычет ленивая кошка.
Сюда я вернусь чуть позже
Детством наслаждаться,
Но надо туда, где тоже,
Успели меня заждаться.
И вот уже вижу беседку,
И плющ восковой по кругу,
Шиповника белого ветку,
И в белом свою подругу.
Ей так же семнадцать, как раньше,
Только глаза грустнее,
Но я пробегаю дальше,
Боясь, что уже не успею…
Боюсь не успеть на встречу,
Всех мыслей моих королю,
Который мне душу излечит,
Единственным словом «люблю».

Я знаю, он ждёт терпеливо,
И мне до рассвета успеть!
И наших сердец огниво,
Расплавит холодную смерть.

## Обновление

Разбиваясь о скалы,
Издают волны стон.
Растворились цвета,
Уходя в полутон.
И звучит моё небо,
В экстазе дождя,
Возрождаясь из тьмы,
Поднимая меня.
Всё уходит в рассвет,
Увлажняясь росой.
И рождается свет,
С обновлённою мной.

## Четыре дня

Четыре долгих дня.
Четыре дня счастливых.
Прощание с тобой,
И крики птиц в ночи.
И звук твоих шагов,
Коротко—торопливых,
Последнее «прости»,
Покинутой любви.
Ты больше не придёшь,
Нежданно.
Хотел уйти, но знал,
Сама не брошу.
И я тебе безмерно
Благодарна,
Что с хрупких плеч моих,
Снимаешь эту ношу.

Бегу я известной тропой,
Которую помнят ноги.

## Мой путь

Я камнем ложусь на дно,
Но помню только одно,

Должна излучать всегда
Свет и любовь звезда.

Нет права забыться, уснуть,
И я продолжаю свой путь.

Врагам назло, друзьям на зависть,
Я просто выключаю память…

## День в лесу

Какой изумительный день!
Шумит изумрудная зелень,
Раскинув ажурную тень,
Ею палатку завесив.
А ветра южный порыв,
Сквозь сетку лицо ласкает,
Задорно со мною играет,
Заботы свои позабыв.
В одном флаконе мешает
Эфиры цветов и леса.
Он гений лесной, он знает,
Что любит его принцесса.

## Красота

Всё яркое, красивое,
Горит, мерцает светом.
Кто может видеть красоту,
Во всём находит это.
То пламенем костра,

То скромною свечою,
Горит, сверкает красота
Особой простотою.

## Отцу

Ты огненный всполох, боец,
Вечный искатель и странник,
Учитель, наставник, отец,
Ревностный страж и охранник.
Ты лев, с седой головой,
С орлиным пронзительным взглядом,
А я по пути домой,
Без страха иду с тобой рядом.
Не страшно ни в бурю, ни в зной,
Всё видится в радужной призме,
Пока ты рядом со мной,
В этой короткой жизни.

## Глупым бабам

Нет причины веской,
Убивать детей,
А потом платить
Совестью своей.
Страх есть за фигуру
(Самый глупый страх,
Самый примитивный
Он, в моих глазах)
Кушать меньше надо
Булок, шоколада.
Фитнес, йога, простокваша
Вылечат фигуру вашу.
Страхи перед публикой:
Что же скажут люди?
Что же дальше будет?

Ты огненный всполох; боец,
Вечный искатель и странник,

Ломай каноны
Изживших себя идей!
Пусть будет день рождения
У твоих детей!
Врачебный диагноз—это аргумент.
Родится он больной!
А, может быть, и нет!
Врачебным ошибкам
Нет счёта на земле.
Будьте сильнее,
Уверенней в себе.
Жаль убить котёнка —
Это хорошо.
А своего ребёнка?
Меня тошнит от каждой
Глупой малолетки,
Которая лежит и ждёт
Своей кюретки.
От каждой слабоумной,
Которая боится,
Что вместо ребёнка,
Лягушкой разродится.
От стервы, манерной,
Которой просто
Жизнь уничтожить,
Ради карьерного роста.
Почему вы на расправу
Так легко идёте?
Неужели правыми
Вы себя найдёте?
Не губите, бабы,
Вы детей своих!
Начинайте думать,
Ради жизней их!

## Суть добра

В чём суть добра?
Когда идёшь по свету, не считая
Дел своих,
Когда гордыни нет за них.
И добрый тот,
Кто может посмотреть иначе,
На тех, кого ругает мир,
Дела их обозначив.


## Быт

Когда волшебное мгновение
Проходит,
Унося и вдохновение
С собою,
Наступает забвение
Слепое,
Погружая в ежедневное
Простое.
Энергию высасывает
Быт.
И вот, ты обескровлен,
И убит…

Меня тошнит от каждой
Глупой малолетки,
Которая лежит и ждёт
Своей кюретки.

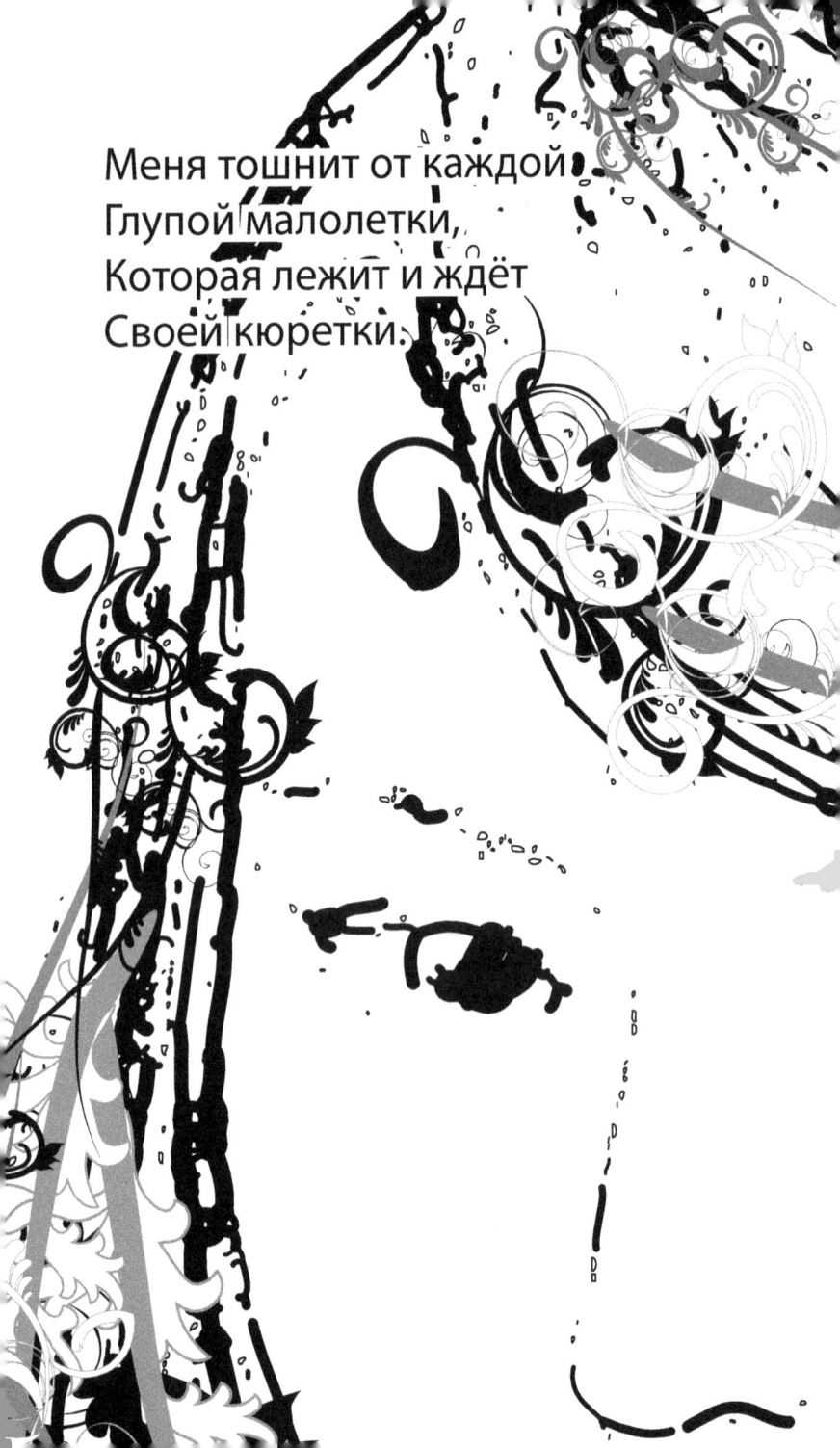

## Демон и Клеопатра

*«Любовь—единственная страсть,*
*оплачиваемая той же монетой,*
*которую сама чеканит». Стендаль.*

1

— О чём печаль твоя, скажи,
Мой чёрный нежный Демон?
И перстом тонким укажи,
Где порча в сердце смелом?
Ты строг, спокоен, молчалив,
Прикован далью взгляд,
Как будто, имя позабыв,
Ты вовсе мне не рад.
Ах, милый мой, стоишь, застыв,
А я как есть, всё та же,
И губы шепчут твой мотив,
Ещё нежнее даже.
И всей вселенскою тоской,
К ней Демон повернулся,
Касаясь твёрдою рукой,
К губам её нагнулся.
Вдыхая сердца перезвон,
Точёными ноздрями,
Промолвил он:
— Вот значит как! А скольким ты,
Ещё пропеть успела,
Сжигая за собой мосты
И обновляя тело?

А я ведь очень терпелив.
Всё ждал, когда царица,
Сдержав очередной порыв,

Решит остановиться.

Похоже, я наивен был, —
Сказал он, усмехаясь, —
Ты, все границы преступив,
Даже не пыталась…
— Но ведь сжигала, уходя…
И в чём тогда винишь меня,
Коль сам на то свободу дал?
Чтоб начинала мерзкий бал,
Твою исполнив волю.
И исполняю, каждый раз,
Впадая в тягостный экстаз,
В жизнях—вариантах.
Тоску пытаясь утолить,
Не зная, как дышать и жить!

Зачем меня ты отпустил?
К чему весь маскарад?
Ты говорил, что ты любил,
А отпустить был рад!
— Не опуская гордый взгляд,
Сказала Клеопатра.
И скинув рук его кольцо,
Стараясь не глядеть в лицо,
Слезам сопротивляясь,
Бежать хотела от него,
И, всё же, оставалась.
Молчанием стал его ответ.
Повержен? Побеждён?
Поверил, или всё же, нет?
И женщина своим чутьём,
Нащупав слабую струну,
Затеяв тонкую игру,
Решила отстоять своё.

Струна тонка, и острый край.
Но что теперь терять?

Струна тонка, и острый край.
Но что теперь терять?

Потерян рай давно,
Навек,
Ведь Клеопатре люб
Не муж земной, не человек,
А пламенный инкуб.

— Ничто не изменить…
Задумчивая речь, как мёдом,
Ублажая слух, лилась,
Шептал он ей:
— Уж, нечего сказать, проверка удалась,
Верности твоей.
Пожалуй, я и виноват,
Коль волю дал и отпустил
Любимую свою. Я признаю.
Глупец.
И, в утешение, дарю,
Как знак своей любви,
Юности венец.
Но, в наказание тебе,
За то, что ты посмела
Предать меня,
Играть со мной —
Не выйдешь ты из тела!

Становишься бессмертной ты!

И губ изысканных черты,
Оставили печать
На мраморном челе.
—Теперь, царица, на земле,
Ты не забудешь обо мне.

2
Я вижу священные свитки,
Начертано в них не рукою:
«Время платить за ошибки,
Допущенные тобою».

Иллюзия смерти готова,
На зубе одной из змей,
И слуги мои ждут слова,
Слова царицы своей.

Я знаю всё и помню,
И я готова платить,
Но всё же, как хочется это
Немного отдалить.
А самая страшная плат —,
Вновь остаться одной.
Но вера в любовь Его свята,
Я верю —
Он будет со мной!
А остальное — лишь слабость.
Но где же сейчас мой Демон?
Вернётся ли с ним моя радость?

Но полно! Пора настала.
И слово короткое, словно выдох,
— Всё…
И вот, уложили её,
Со знаками власти в руках,
Две старые, верные жрицы,
Оставив одну.
Последнюю царицу.

3
И вот. Бежит
За годом год.
Она лежит,
И ждёт…
То спит, особым сном,
То бродит.
Жива царица, не умрёт.
Всё так же молода…
А Демон не приходит.

Но где же сейчас мой Демон?
Вернётся ли с ним моя радость?

«Неужто позабыл?
Уж мир сменился весь!
А я всё здесь.
Всё ложь. Обман.
Конец всему.
Ты не придёшь!»
Допив последние сомненья,
И, погребальный саван скинув,
Решила выбраться на свет,
Убежище покинув.
Смело Египет. Рим потух.
Куда податься ей?
Брела она,
Как серый дух,
По кладбищу царей.
Мир спит пока,
Печали не зная,
И чар богини древней…

«Ну, так и быть,
Продолжим бал!
Ещё не час вечерний!»


## Не больно и не грустно

Последний раз столкнулись на пути,
Эмоции сковав искусно.
И я не позову тебя, прости,
Ведь мне уже не больно и не грустно.
Ты тамада за свадебным столом,
Всех веселишь, хотя на сердце пусто.
Случайный гость на празднике чужом,
А мне уже не больно и не грустно.
Пусть даже ты вернёшься насовсем,
Последний всплеск утраченного чувства.
Зачем такие жертвы, ну зачем?

Сегодня мне не больно и не грустно.
Омыто лето солнечным дождём…
Хранить любовь—высокое искусство…
И я теперь жалею лишь о том,
Что мне давно не больно и не грустно.

## Мысли

Нам не стоит отдавать,
Наши мысли мертвецам.
Правильней сказать:
Будущее нам!
Берите своё и идите,
Думая только о том,
Что в жизни ещё сотворите,
А не о прошлом, дурном.
Ещё бы сказать: «Любите,
О потерях не печальтесь,
В огне безумия сгорите,
Но в мир, не знающий любви,
Не возвращайтесь!»

Марианна Голодова родилась в 1982 г. в Курске. Закончила музыкальную школу по классу скрипки. Училась в Курском медицинском колледже, работая на станции скорой медицинской помощи, а также в отделении детской хирургии.

Первые стихи Марианна написала в 16 лет, под влиянием поэзии серебряного века: Есенина, Блока, Цветаевой. Немного позже участвовала в литературных конкурсах на страницах местных газет.

Далее нигде не публиковалась, посвятив себя частной медицинской практике.

Марианна ГОЛОДОВА (Курск)

Решила выбраться на свет,
Убежище покинув.

# 99 ПРАВИЛ = 1 СПРАВОЧНИК
# 1-й курс молодой женщины

## в одной книге

Серия **+DA ТОП СПРАВОЧНИК**

Подробнее на сайте издательства — **www.plusDA.com**

мягкая обложка * 210 стр. * ISBN-13: 978-0982840450 * издано в США

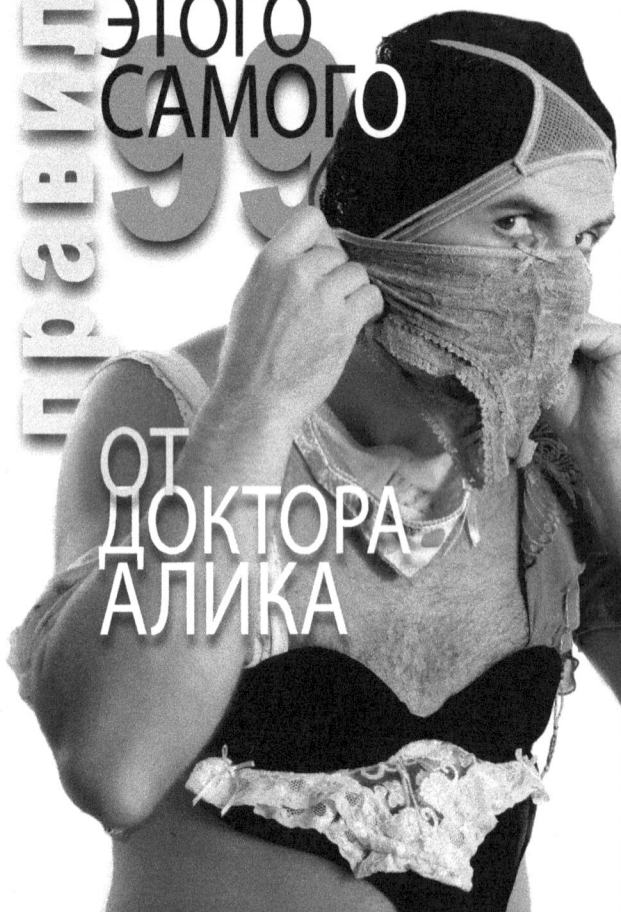

ЭТОГО
САМОГО

99

правил

ОТ
ДОКТОРА
АЛИКА

+DA 99 ПРАВИЛ ЭТОГО САМОГО ОТ ДОКТОРА АЛИКА

## 99 ПРАВИЛ ЭТОГО САМОГО ОТ ДОКТОРА АЛИКА
**Доктор Алик**

Сборник правил этого самого (известно чего) от Доктора Алика, скандально известного ведущего сексуально озабоченных радио-шоу. Своего рода сборник этикета для мужчин и женщин, или «Что вам не говорила мама, вплоть до выпускного вечера. Да и после тоже».

Доктор Алик возник на просторах Вселенной в 2008 году. Его неоднозначные радио-шоу повергали в смятение хозяев радиостанций, но хорошая спонсорская поддержка делала свое дело, и Доктор шумно шагал по радиоволнам США, России и Украины. Нагрянул кризис, спонсоры свернули финансирование, и станции радостно избавились от этого возмутителя спокойствия.

Оказавшись не удел, Доктор решил употребить передышку с пользой и записать на бумагу все, о чем он вещал в своих передачах. Так родилось несколько тематических книг, первую из которых мы планируем опубликовать в декабре 2010 г. Ее обложка перед вами, и она говорит сама за себя. Это свод юморных и, часто, шокирующих правил сексуального поведения — как для мужчин, так и для женщин. Вот лишь несколько из них (их, конечно же, намного больше, чем 99):

**30. Настоящий мужчина, идя по улице с дамой, никогда не рассматривает проходящих мимо девушек, даже если у них классные «эти самые». Некоторые могут сказать: жена — не дама, при ней можно. Неправильно — при ней нельзя, без нее можно. При друзьях тоже можно, но вот при друзьях и при ней — нельзя в квадрате.**

**33. Настоящий мужчина всегда добьется того, чтобы женщина «это самое», пришла к финишу. Даже если она этого не хочет.**

**35. Если настоящего мужчину пилит жена, он не будет злиться или бросаться вещами, а спокойно скажет: «Женщины делают большую ошибку, пиля палку, на которой часто сидят! Подумай об этом». Я много раз проверял — женщин эта фраза вгоняет в ступор, и они замолкают.**

АЛИК ВЕРНЫЙ

ПУСЯ В ОБЪЕКТИВЕ

ЗАПИСКИ злоебучего ФОТОГРАФА

КНИГА 1

**АЛИК ВЕРНЫЙ**
**ПУСЯ В ОБЪЕКТИВЕ**
**КНИГА 1**
**из серии ЗЗФ — ЗАПИСКИ злоеbучего ФОТОГРАФА**

В жизни фэшн-фотографа, обитающего в шумном и сумбурном Нью-Йорке, все спокойно и налажено: любимая жена-модель, интересная работа и никакого флирта на стороне. Но однажды все это рушится: любимая женщина сходит с ума, превращая его жизнь в настоящий кошмар. После долгой борьбы с заболеванием жена подает на развод. Она надеется выздороветь, убрав из своей жизни человека, который является причиной ее бесконечных истерик. Все, чем действительно дорожил наш герой — любовь и семья — умирает на его глазах.

Оказавшись в одиночестве, он, с горя и по глупости, начинает тройную игру: выпивка, рок-н-ролл и женщины, которые проходят в его жизни бесконечным строем: всех мастей, национальностей, характеров, возрастов и даже размеров. Поначалу фотограф влюбляется в каждую из них, но постепенно теряет иллюзии, превращаясь в похабного циника. Теперь это игра ради игры, но очень насыщенная и забавная. За стволами удовольствий больше не виден лес. Герой заблудился и бесцельно бродит в этой чаще, даже не пытаясь найти выход. Он умело обманывает и себя, и других, называя это поиском «Вечного Оргазма». На самом деле он все же ищет утраченное счастье.

**Эта книга является первой в серии**
**«ЗАПИСКИ злоеbучего ФОТОГРАФА»**

# ДВЕ КНИГИ В ОДНОЙ
# дайджест    версия

Серия   **ЗАПИСКИ злоеbучего ФОТОГРАФА**
Подробнее на сайте издательства — **www.plusDA.com**

мягкая обложка * 234 стр. * ISBN-13: 978-0982840481 * издано в США

мягкая обложка * 280 стр. * ISBN-13: 9781936550005 * издано в США

В жизни фэшн-фотографа однажды все обрушилось: любимая женщина сошла с ума, превратив его жизнь в настоящий кошмар. Все, чем действительно дорожил наш герой — любовь и семья — умерло на его глазах.

Оказавшись в одиночестве, он, с горя и по глупости, начал тройную игру: выпивка, рок-н-ролл и женщины, которые проходят в его жизни бесконечным строем. Одна из его временных пассий, наконец, заставляет его задуматься. Изводя героя бесконечным потоком писем, звонков и сообщений, навывая его существование «пустым и никчемным», а его самого — Дьяволом во плоти, доставляющим женщинам лишь страдания, она невольно вбивает гвоздь сомнений в его одурманенный мозг, хоть поначалу он и смеется над этим. В это же время он встречает Лёлю — Золотую Пусю. Но пока он об этом не знает и пытается продолжать свой «поиск Вечного Оргазма», Тем более, поддерживать отношения с Лёлей легко и приятно — их разделяет океан.

Герой боится настоящих чувств и пытается укрыться от них в новом озере алкоголя, море секса и сточной речке бездушных, пустых отношений. Но постепенно бескорыстная любовь хрупкой и нежной Лёли меняет его жизнь. Рыжая умница с зелеными глазами заполняет образовавшийся вакуум теплом и нежностью настоящих чувств.

+DA/plusDA Publishers
www.plusDA.com

+ÐA

+DA РЕКЛАМА
ЗЗФ 1-2 -3
ГРАФИЧЕСКАЯ
ВЕРСИЯ
АЛИК ВЕРНЫЙ
ЗАПИСКИ
злоеbучего
ФОТОГРАФА
КНИГИ 1-2-3
+DA/plusDA Publishers
www.plusDA.com

МАРИАННА ГОЛОДОВА
НЕЖНЫЙ ДЕМОН
сборник поэзии

Marianna Golodova
Gentle Demon
poetry

ISBN-10: 0-9828404-1-1
ISBN-13: 978-0982840412

© 2010 plusDA Publishers / Издательство +ДА
Published by plusDA Publishers, New York
Art direction, cover, interior and title design by Alec Verny
Illustrations by Alec Verny, Marianna Golodova

Арт-директор, обложка и титул — А. Верный
Иллюстрации — Алик Верный, Марианна Голодова

Address: plusDA Publishers, PO Box 1183, LIC, NY 11101, USA

+DA
+DA / plusDA Publishers
www.plusDA.com